# L'ESTRANGE AMITIE' D'EDOVARD,

second, Roy d'Angleterre, à l'endroit de PIERRE DE GAVERSTON. Gentilhomme de Gascongne, & quelle en fut l'yssue.

# L'ESTRANGE AMITIE

d'Edouard ſecond Roy d'Angleterre à l'endroit de Pierre de Ga-
uerſton Gentil-homme de Gaſcogne, & quelle en fut l'yſſue.

EDOVART ſecond Roy d'Angleterre r'appella de ban Pierre de Ga-uerſton, qui auoit eſté du conſentement & à la requeſte des Milors dudit Royaume chaſ-ſé d'Angleterre, ſoubs Edouard premier. Ceſtuy eſtoit fils d'vn Gentil'homme de Gaſcogne, qui auoit faict pluſieurs bons & ag-greables ſeruices audict Edouard premier, & en ceſte conſideratió il receut en ſa Court ſon fils, & le fit nourrir & eſleuer auec Edou-ard ſecond: aupres duquel il ſe

comporta tellemēt qu'il ne vou-
lut seruice d'autre que celuy de
Pierre , & mesprisant les enfans
des grands Seigneurs du Royaume auec le temps . Ceste amitié
prit telle racine au cœur d'Edouard , qu'il ne fut iamais possibles
de l'en distraire , combien que il
aymast plus les dons & presens
qu'il receuoit duRoy,que le Roy
mesme, l'appropriant des ioyaux
& choses pretieuses de sa Corō-
ne qu'il mettoit és mains des
marchands estrangers pour les
luy garder. Aduient qu'apres l'a-
uoir fait reuenir en Angleterre,il
luy donna le Comté de Cour-
nouaille & l'Isle appellee Man,
qui estoient du domaine. Aduiēt
aussi que le Roy le iour de son sa-
cre , qui fut en l'annee mil trois

cens neuf: il luy bailla à porter la Coronne d'or de S. Edouard : Ce qui despleut grâdement aux Milors & au Clergé, De maniere que voyans apres que sa Maiesté ne se plaisoit auec autre personnage qu'auec Gauerston, & ne vouloit autre compagnie, & que le Royaume estoit gouuerné à sa poste & fantaisie, mesmes qu'en Court il ne se faisoit aucune depesche, & ne se manioit aucun affaire d'importance, qui ne passast par ses mains. Ils s'en fâcherent encore d'auantage, considerans que ledit Gauerston aymoit plus l'argent que l'equité, & les presens plus que les merites des homes, & mesmes qu'il mesprisoit les nobles, luy qui estoit estranger, & qui n'estoit recommandable ny

par fa vertu ny par fa fageffe. Au
moyen dequoy ils confpirerent
tous d'vn commun accord de
l'enuoyer en Irlande pour y garder fon banniffement. Quelques
flateurs dirent au Roy qui eftoit
fafché de l'abfence de Gauerftõ,
que le Comte de Glouerne eftoit
fort aymé des autres Milors , &
qu'il n'y auoit autre moyen de
remettre ledit Gauerfton en la
bonne grace des Seigneurs, finõ
qu'il efpoufaft la fœur dudit Cõ-
te. Suyuant lequel confeil le Roy
enuoye en toute diligence en Irlande aduertir ledit Gauerfton,
à ce qu'il reuint en Angleterre
pour efpoufer la fœur dudit Cõ-
te: Ce qui fut fait. Apres lefquel-
les nopces il s'en orgueillit plus
que deuant: Ne faifoit cas ny des

Gentils-hommes ny de la noblef
fe:& d'aillieurs il pilloit le Roy de
telle façon & l'abeftiffoit, qu'il
n'auoit pas bien fouuent pour
fournir à la defpence de fa mai-
fon, mefme la Royne qui eftoit
fille de Philippe le Bel Roy de
France, eftoit fouuent reduicte à
telle neceffité, qu'elle fut côtrain-
te d'en aduertir le Roy fon pere.
Ce neantmoins fe mocquoit de
plus en plus des Gentils-hômes,
& fe vantoit qu'il viêdroit à bout
de toutes fes entreprifes & deffins
malgré eux :   occafion aux Seigneurs de confpirer de rechef cô-
tre luy, & fut le Roy contraint à
faire vn grand defplaifir à la refte
de fa nobleffe de le mettre hors
d'Angleterre. Philippes le Bel aduerty qu'il s'eftoit retiré en France, commâda à fes officiers qu'ils

euſſent incontinent à ſe ſaiſir de ſa perſonne. Luy aduerty de ce mandement du Roy, s'en va en Flandres : & en fin ne pouuant trouuer ailleurs le repos qu'il deſiroit, s'en reua en Angleterre par deuers le Roy ſon maiſtre, qui le receut treſ-humainement:&l'ayma encore plus qu'il n'auoit fait. Mais les Milors voyans le Roy eſtre deſtourné par ledit Gauerſtő de l'amitié qu'il deuoit à la Royne ſa femme, prindrent les armes & le pourſuyuirent iuſques au Chaſteau de Sourdeburg, où le Roy meſme l'accompagna, & le fournit de gens de guerre. Mais eſtant aſſiegé, il fut contraint de ſe rendre. Toutesfois il ſupplia qu'il luy fuſt permis auant que mourir, de parler encore vne fois

au Roy. Et comme on le menoit
par deuers sa Majesté , il y eust
quelqu'vn d'entre eux qui dit,
Nous auons chassé si long temps
ceste beste, que la voila prise: & si
nous la menós au Roy, elle pour-
ra eschapper pour quelque sinef-
se que le Roy ou luy trouuerrõt,
& se mocquera on de nous. Au
moyen dequoy ledit Gauerston
fut par eux mené au supplice , &
eu la teste tréchee. Et neátmoins
l'amitié du Roy fut si ferme en
son endroit , qu'ayant son corps
esté porté à l'Eglise des Iacobins
d'Auxfort où il fut deux ans , en
tiers, le Roy le feit porter en son
Hostel de Langlay, & y fonda vn
Conuent de Iacobins expres,
pour prier Dieu, pour l'ame de
Gauerston son ancien amy.

# AV LECTEVR.

**S**I la cõditiõ de PIERRE de GAVERSTON a esté miserable, celle de ce Roy Edouard le fut encore plus. Froissart au commécemét de son histoire, recite qu'il y a eu ordinairement, vne telle récontre en la succession des Roys d'Angleterre, qu'entre deux bõs, il s'en est trouué vn meschant : entre deux belliqueux & vaillans, vn fayneant : & entre deux sages & prudens, vn dissipateur & prodigue. Cela se recognoist à l'œil, en cest Edouard, sou pere, & son fils. Car quant à Edouard 3 fils de cestui-cy, il fut homme de grand esprit, de grandes entreprises, & grand guerrier, ayant fait souuét paroistre sa vertu & prouesse, taut

contre l'Escossois que contre le
Fraçois, sur lequel apres vne grâ-
de victoire il conquist la ville de
Calais. Le pere surnommé aussi
Edouard, eut trois vertus entre
autres, qui le rendirét espouuen-
table à ses ennemis, admirable à
ses amis, amiable à ses subicts, &
recommandable à la posterité. Il
auoit grande confiance en Dieu,
& grand zele à la Religion Chre-
stiéne, le vray & solide fondemét
pour bien establir & cóseruer l'E-
stat d'vne Monarchie. *Imperiorum
robur & firmitas Dei amicitia est, san-
cta Religio est*, disoit Isidore. Il a-
uoit proposé comme il a esté dit,
de faire le voyage de la terre sain-
cte, & y mener vne armee pour
guerroyer les Sarrazins, s'il n'eust
esté retenu par les guerres Ciui-
les, & preuenu de mort: qui estoit

lors l'exercice de pieté des Roys
Chrestiens, n'ayans aucuns ennemis de Dieu plus proches à com-
batre. Ce fut le plus belliqueux &
vaillant de son temps , comme il
monstra par experience , en plusieurs belles victoires, qu'il obtint
sur les Escossois ses voisins, en l'v-
ne desquelles il en deffeit iusques
au nombre de soixante mil , sans
faire perte des siens , que de sept
mil tant seulement: & adiousta à
l'Angleterre toute l'Escosse. Il fut
aussi fort amateur de son peuple,
& reciproquement bien aymé
d'vn chacun, en tesmoignage dequoy on l'honora de ce beau til-
tre & surnó de bon Roy. Edouard
son fils ne luy ressembla en rien
qu'au seul nom, ains degenera du
tout de sa race & vertu. Il se moc-
qua & ne tint compte des beaux

aduertiſſemens & preceptes qu'il luy auoit donnez auant ſa mort, dont il encourut iuſtemét ſa malediction. Qui fut occaſion (comme remarque VValſingham) que tout le reſte de ſa vie fut ſuyuie & accópagnee d'vn perpetuel malheur, qui le precipita en vne fin encores plus funeſte,& miſerable Car contre le commandemét du pere, il profana & prodigua les deniers deſtinez pour la defence de la Religion, & les donna à ſon mignon pour commencer ſon magaſin. En quoy il cómiſt double crime, de ſacrilege, & d'vne inſigne ingratitude & deſobeiſſance à ſon pere, C'eſtoit vn homme de neant, ennemy de toute vertu & gens de bien, leſquels il ne deſiroit pres de luy, ſinon pour ſeruir de monſtre en ſa Cour, ſubiect à

ses plaisirs, ne se souciant aucune-
ment des affaires de son Royaume, & qui auoit l'ame poltronne.
les François luy brouillerent sort
la Guyenne, &luy en feirent bien
petite part, s'emparant aysément
des plus belles places pour n'a-
uoir aucune resistence.

Tout ce que son pere auoit có-
quis sur l'Escossois, fut aussi tost
perdu par sa fayneárie Car le Roy
d'Escosse non seulement reprint
& regaigna ce qu'il auoit perdu,
mais empieta sur luy vne grande
partie d'Angleterre, en laquelle il
feist tel degast, qu'il brusla par
deux fois, iusques à cinq iournees
d'estendue de pays Si ne fut-il en
rien esmeu de tout cela, se repu-
tant encores assez riche & heu-
reux, pouruu qu'il ne fust trou-
blé ny interrompu, aux aises &

plaiſirs qu'il prenoit auec ſes mi-
gnōs. En quoy, ie le compareray
volontiers à l'Empereur Galien,
l'oiſiueté & laſcheté duquel fut
cauſe de la perte & ruyne de l'Em
pire. Galié ſ'amuſoit au printéps,
à faire des maiſons de roſes, & en
l'Automne à faire des Chaſteaux
de pommes. Et quand on luy ve-
noit annoncer, tantoſt que l'Egypte ſ'eſtoit reuoltee, tantoſt qu'il
auoit perdu l'Aſie, tantoſt que les
Gaulois auoiēt ſecoué le ioug de
ſon obeïſſance. Et bien diſoit-il,
nous nous paſſerons facilement
du lin d'Egypte, nous viurōs bien
ſans ceux d'Aſie, nous n'auōs que
faire des Gaulois. Et ainſi ſe rioit
de la perte des autres Prouinces,
qu'on luy annõçoit tous les iours
Il fut mal voulu de ſon peuple,
qu'il accabla de grãds & exceſſifs

impoſts, apres auoir vendu, engagé & dõné vne partie de ſon domaine, & tout pour contenter les mignons. Quel aueuglement ie vous prie, quelle indignité, quelle cruauté, d'appauurir tout vn Royaume, de faire mourir de faim tant de gens, pour enrichir ie ne ſçauy quels coquins, qui ne ſeruent de rien au public. Quelle folie & oubliance, de dõner à vne ou deux perſonnes indignes, ce qui ſuffiroit à recompenſer tous les Cheualiers & braues Capitaines d'vn Royaume? O que le Roy eſt vn mauuais pupille, diſoit Alexandre Seuere, qui des entrailles des ſubiects, nourrit & eſleue gẽs inutiles, & deſquels la republique ne peut eſperer aucun bien. Il traicta indignement ſa nobleſſe, luy baillant toutes les occaſions de

mal contentement, & principalement les Barons & Seigneurs,
qu'il hayoit mortellemét, par l'in
duction de ton meschant conseil
qui empelchoit par tous moyés,
qu'il ne fust bien auecques eux, à
fin de faire mieux ses affaires.
Ioinct qu'estant vicieux & depra-
ué, ne vouloit veoir les gens de
bié, & de vertu, qui se plaignoiét
incessamment, d'vn tel desordre
qu'ils voyent aux affaires de l'E-
stat. Et d'autant plus qu'il cher-
choit vn repos, se plongeant en
delices, d'autát plus Dieu permist
qu'il fust moins en repos. Car ou-
tre les affaires que luy donnerent
les François & Escossois, les Barons & Seigneurs furent con-
traincts luy faire guerre, comme
nous auons dict en la vie de G A-
VERSTON. Et la Royne se voyát
chassee

chaſſée d'Angleterre , ſe refugia
tantoſt en France, tantoſt en Flā-
dres, dont elle retou: na auec pluſieurs Princes & Seigneurs, qui
luy ayderent d'argent & de gens,
pour auoir la raiſon de luy & de
ſon pernicieux conſeil.  Il eſtoit
grand hypocrite, penſant couurir
vn grand nombre de faicts enor-
mes pour auoir baſty & edifié vn
conuent de Iacobins, qui eſt tout
le bien qu'il feiſt iamais en ſa vie.
Mais comme la tache ne ſe peut
cacher à la face de l'homme, auſſi
les vices des grands ne ſe peuuent
deſguiſer quelque pretexte qu'ō
leur baille. Ce qui eſt plus à remar
quer en ſes vices, eſt la perfidie, &
deſloyauté. Ses Barons le contrai-
gnirent pluſieurs fois à tenir ſes
Eſtats, pour reformer les abus de
ſa Cour, auſquels il promettoit

mons & merueilles, auec ferment
de garder ce qui y eſtoit reſolu,
mais au partir de là ſe voyant ſor-
ty de la preſſe, il ſe mocquoit de
ſa promeſſe, & n'en vouloit rien
tenir: Combien vne Republique
eſt à plaindre, qui eſt gouuernee
par Chef ſi deſloyal. Marc Antoi-
ne diſoit treſbien, que la choſe la
plus calamiteuſe en l'Eſtat, eſt
quãd la foy eſt violee, ſans laquelle nulle vertu peut eſtre aſſeuree,
nulle ſocieté entre les hõmes ne
peut ſubſiſter, & principalement
quand le Roy qui eſt le ſouſtien
& la baſe d'icelle, eſt muable &
inconſtant en ſes propos & pro-
meſſes. Il ne peult autrement qu'il
n'y ait vne perpetuelle desfiance
de luy à ſes ſubiects, & merite à
bon droict (comme dit Ariſtote
du menteur) qu'on ne ſ'aſſeure ia-

mais en luy. Les Samnites (comme
dit Tite Liue) ayans plusieurs fois
violé la foy , & alliance qu'ils a-
uoyét auec les Romains, enuoye-
rent vn iour à Rome Ambassa-
deurs , pour la renouueller, Mais
on leur feist vne belle response au
Senat. Messieurs les Ambassa-
deurs, si les Samnites qui vous ont
enuoyez , eussent tousiours gardé
leur foy , on vous eust volontiers
ouys, pour renoüer voz alliances.
Mais pource que nous auons sou-
uent apperceu, que lors que vous
demandiez paix , vous vous pre-
pariez à la guerre , nous ne nous
arresterons plus aux paroles, mais
à l'effect & à la chose. Et partant
nous vous faisons sçauoir , qu'on
bref nous enuoitōs vne armée en
vostre pays pour experimenter, si
vous aymez mieux la guerre que

la paix.

Or Edoüard se sentant tant de fois trauersé en ses ayses par ses Barons & Seigneurs, qui iustemēt poursuyuoient vne bonne refor-mation, il accompagna, par le cō-seil de Hugues le Despensier, sa perfidie & desloyauté, d'vne cru-auté insigne & memorable. Car seignant luy mesme, qu'il reco-gnoissoit la maladie du Royaume à laquelle il desiroit remedier, il feit assembler ses Estats. Mais à la verité, c'estoit pour attraper les Princes & Seigneurs, & les faire amourir. Ils' y trouuent fort vo-lontiers, ne se defiant de ceste tra-hison, ains estoiént bien ioyeux de veoir le Roy disposé de luy mesme, à faire ce qu'ils ne luy a-uoient encores peu persuader. Et alors il en feit apprehender ius-

ques au nombre de vingt & deux,
aufquels il feit trancher la tefte.
Entre lefquels y auoit Thomas de
Lancleftre fon oncle, homme de
faincte vie, qui feit plufieurs beaux
miracles apres fa mort, & fut en
fin canonifé, comme tefmoigne
Froiffart. Quand ie contemple les
faits & dicts de ce miferable Roy,
il femble qu'il ait practiqué toutes les reigles pernicieufes de ce
perdu Machiauel, ou bié que Machiauel ait pris fa vie pour exem-
ple & patron des autres mefchás
Rois, & d'où il a puifé fes reigles:
cóme eft celle qui dit, qu'il fuffit
à vn Roy faire femblant d'hóme
de bien, ores qu'il ne le foit, d'eftre
plus craint qu'aimé, d'entretenir
diuifions entre les fubiécts, de ne
craindre à fe pariurer, de né gar-

der ſa foy , d'appauurir ſes ſubiects pour les tenir en bride , de
faire vne multitude d'officiers, &
pluſieurs autres ſemblables. Mais
c'eſt aſſez parlé de ſa vie, ſans ſar-
reſter à reciter les autres crimes
horribles dõt il eſtoit comblé. Ie
viens maintenant à ſa fin qui fut
auſſi hõteuſe que ſa vie. Car apres
auoir eſté degradé & depoſé de la
dignité Royale , dont il ſ'eſtoit
rendu indigne, les Seigneurs du
païs le feirent mourir d'vne bro-
che rouge de feu , laquelle ils luy
lancerent par le fondement.

Hugues le Deſpenſier le ieune
n'en eut meilleur marché, ains fut
puni ſelon ſes demerites. Car en
deteſtation de ſa ſodomie, on luy
couppa les parties honteuſes, &
luy fut le cœur arraché & mis au

feu, qui auoit couué & fabriqué
tant de mauuais conseils, tant de
perfidie & trahison. Nous pou-
uons iuger par ce petit discours,
en quel estat estoit l'Angleterre,
durât le regne de ce fol & effemi-
né Edouard. Il n'eust plus fallu,
qu'vne semence d'heresie y eust
pris pied & racine, pour aduâcer
sa totale ruine. Certes elle y eust
trouué beaucoup d'accez & de
faueur. La diuision du Roy & des
Princes luy eust serui de planche.
Elle eust trouué vn Roy, qui pour
ne perdre le repos de sa vie bruta-
le, eust plustost souffert toutes se-
ctes, que de les vouloir extermi-
ner. Elle eust rencontré vn côseil
de mesme, qui pour mieux pes-
cher en eau trouble, eust tenu la
main, à accorder vne liberté de
conscience. Elle n'eust manqué

d'vn Gauerston ou d'vn Hugues
le Despensier, qui pour diuertir
vne guerre contre les heretiques,
eussent broüillé les cartes & nou-
ry diuision entre les Princes Ca-
tholiques : & plustost practiqué
l'alliance auec tous les diables
d'enfer, pour empescher qu'on
ne vint a faire recherche exacte
de leur vie. Dieu vueille auoir
pitié des Republiques, qui sont
soups le ioug d'vn tel Chef, &
gouuernées par vn si dangereux
conseil,